Carolina
CARVAJAL

HAZ QUE LA
CUARENTENA
CAMBIE TU VIDA

Terminada en: 2020, Abril

Composición de Portada por: Carolina Carvajal

ISBN: 9798640997118

Sello: Independently published

Dedicatoria

En memoria de mi madre, Miraidy Muziotti Galloni de Luna, mi abuela-mamá, Rosa Carolina Galloni de Muziotti y de mis tíos Luis José Muziotti Galloni y Luis Rafael Correa Jara.

Índice

*Haz que la **CUANRENTENA** cambie tu vida*

.

*Haz que la **CUANRENTENA** cambie tu vida*

Resumen

Quiero compartir contigo estas herramientas maravillosas que me permitieron enfrentar este cambio y darle un enfoque diferente. "Haz que la cuarentena cambie tu vida", es una experiencia personal, fundamentada en cuatro sencillas herramientas que permitieron darle un gran vuelco a mi vida.

Te mostraré en detalle, como fui manejando cada una de estas herramientas y lo clave que fueron en mi proceso de transformación, las cuales estoy segura serán de gran aporte para tu vida.

Con amor,

Carolina Carvajal.

4 claves que te ayudarán a transformar tu destino

 **Explora**

 **Conecta**

 **Potencia**

Proyecta

Mi proceso...

La vida está llena de momentos buenos y no tan buenos, de malos y no tan malos, todo depende del enfoque que le demos a las cosas que están a nuestro alrededor.

Por ejemplo, muchas personas deseaban que terminara el 2019 porque tal vez no había sido un buen año en sus vidas y fíjense lo que terminó ocurriendo. El destino nos sorprendió.

El 2020, pronosticado positivamente por muchos, comenzó con una gran pandemia, por lo que el mundo decidió evolucionar y la humanidad en su inmensa mayoría no estaba preparada para ello. Pero así es, el mundo está exigiendo su espacio y cambiando.

Estamos en tiempos donde las personas se vuelven más humanas. Unas más fuertes otras más débiles, pero lo cierto es que tenemos en nuestras manos el poder de cambiar las cosas, transformarlas y enfocarnos en lo que verdaderamente cambiará nuestras vidas para siempre.

Tenemos entonces, desde mi humilde punto de vista, dos maneras de ver esta situación: La primera, sería enfocarnos desde el miedo, el pesimismo y la tristeza; o, por el contrario, plantearlo desde la confianza, el optimismo y la esperanza. Sin lugar a dudas, te invito a afrontarlo desde la perspectiva positiva, siempre con Dios como nuestro principal aliado.

Si en vez de pensar que nos podemos enfermar, que cómo haremos para pagar las deudas, que nuestros hijos perderán el año escolar, que si el cumpleaños de mi hija ya no lo podré hacer, que cómo haré para trabajar con los hijos en casa, que si me quedo en la casa engordo, en fin, hay tantas cosas que como seres humanos podemos pensar desde lo negativo, quedarnos anclados desde el miedo, y no nos damos cuenta de lo que verdaderamente está pasándonos.

Esta atípica circunstancia en nuestra vida es una gran muestra de amor y de esperanza; una oportunidad única para poder cambiar las cosas y transformar, lo malo y negativo, en bueno y positivo. Todos piensan que el mundo está cambiando. Ahora te pregunto, ¿tú estás cambiando con el mundo?, ¿estás preparado para eso?

Aunque no tenemos la respuesta para ello, más adelante trataré de darte un pequeño aporte que ojalá te sirva para afrontarlo.

La rutina me agobiaba...

Quiero reseñarles brevemente lo que ha sido mi vida en un país foráneo. Soy madre de dos hijos, una hermosa niña y un varón muy inteligente, casada, con dos trabajos y una vida si se quiere agitada por los corre-corre de todos los días.

Mi hija mayor tiene sus proyectos de música, su sueño es cantar, eso nos lleva a estar acompañándola en cada una de sus retos musicales.

Mi hijo menor juega futbol, es el arquero de su equipo, también con sus altos y bajos ya que esas actividades extracurriculares hay que dedicarles el tiempo preciso. Mi esposo trajina, como muchos inmigrantes, con dos trabajos también y la guinda del pastel es que los dos hacemos nuestro esfuerzo para estudiar inglés, una tarea que teníamos pendiente desde hace un buen tiempo.

Como verán una agenda bien ocupada, poco tiempo para compartir en familia y poco tiempo para pensar y dejar volar nuestra imaginación, pues así es la vida en este país, totalmente agitada. En este marco de "normalidad", estábamos a punto de darle un gran cambio a nuestras vidas, pero no lo sabíamos.

Considero que he mantenido una buena relación con mis hijos, pero con muy poco tiempo para compartir con ellos. Mis sueños estaban absolutamente dormidos, como estancados, sólo ideas en el aire que no terminaban de concretarse, hasta llegué a pensar en algún momento que, tal vez mi matrimonio terminaría en divorcio, como lamentablemente les ha ocurrido a tantas parejas de inmigrantes.

Hoy veo todo completamente diferente, me ha tocado vivir la cuarentena en casa desde la primera semana del mes de marzo. Siempre quise culminar de escribir un libro que comencé en mi país Venezuela, pero nunca tuve el tiempo para terminar el proyecto, le cambié el nombre como cuatro veces, y el enfoque del contenido otras tantas más.

Se podrán imaginar entonces, la cantidad de ideas que rondaban en mi cabeza durante esa primera semana de cuarentena. Lo primero a destacar es que engordé demasiado, solo comía, veía tele, películas con mis hijos y no dejaba de escuchar noticias apocalípticas de cómo le afectará al mundo esta pandemia, que si la economía se destruirá, que si la tercera guerra mundial, y un amplísimo etcétera, etcétera, etcétera.

Recuerdo encontrar a una amiga en el supermercado de lo más relajada, y yo con el carrito full de ansiedad, guantes, tapa bocas, en fin, parecía el oso preparándose para hibernar. Claro, por supuesto que no es para nada despreciable atender las medidas preventivas para protegernos de este terrible virus, eso es actuar con responsabilidad y debemos ser responsables con nuestros actos, por nosotros y por respeto a todo el que nos rodea.

Lo que no podemos es darle fuerzas al miedo y atraer lo negativo. Soy de esas personas que decidió no salir, acatando la cuarentena, pero también les digo que a lo largo de este paréntesis decidí enfocarme positivamente para seguir transformando mi vida y las que pueda ayudar a transformar. Al principio, quería que mis familiares y amigos no salieran de sus hogares porque en realidad me preocupaba por ellos, hasta que comprendí que, cada quien es dueño de su mundo y responsable de sus actos.

La segunda semana decidí escucharme a mí misma, anoté en un cuaderno todas las cosas que quería hacer y que no había tenido tiempo. Esto trajo consigo una serie de cursos y lecturas para prepararme más en cosas que anhelaba hacer pero que no tenía las herramientas completas para terminarlas, es decir, el tiempo adecuado para prepararme.

Luego tuve una reunión con mis hijos y mi esposo, les pedí que me dijeran si yo podía ayudar en algo que ellos quisieran hacer y que no hayan podido concluir. Mi hija nos dio una lista de cosas que formaban parte de sus deseos y anhelos. Mi hijo también hizo lo propio.

Después de una ardua y larga conversación con mi esposo, decidimos trabajar juntos y asociarnos en esta nueva aventura. Me enfoqué entonces en conseguir un espacio desde la casa para que, tanto mis hijos como nosotros pudiéramos trabajar. Ya en esa segunda semana estábamos un poco más claros de lo que queríamos. Los pies en la tierra y la cabeza más allá de las estrellas.

En esa misma semana empecé a buscar información sobre cómo evitar que el virus atacara más a nuestro sistema inmunológico y vi programas donde decían que la alimentación era fundamental, que el ingerir muchos carbohidratos alteraba los niveles de azúcar haciendo posible que el virus invadiera tu organismo con más facilidad. Nuevamente, tomamos la decisión en la casa de cambiar nuestros hábitos alimenticios, empezando a consumir más frutas cítricas, té e infusiones calientes.

Hoy es lunes y mi hija me pregunta, ¿mamá, como será la vida en el 2057, levanto la cara, la miro y le digo, ¿a qué se debe esa pregunta hija? Me responde: es una tarea del colegio mamá. ¡Una sonrisa vino a mi cara! me acordé de unos de mis comics favoritos y le dije: ¡bueno, nuestra vida será como la de los supersónicos! me preguntó: ¿qué es eso mama? Es cuando caigo en cuenta que es muy pequeña para saber qué me refería a una comiquita de mi niñez y sí, fíjense como mentes brillantes como Hanna-Barbera describían el futuro cuarenta años atrás.

Con esto lo que quiero decir es que sí podemos soñar y hacer nuestros sueños realidad, lo que tenemos es que enfocarnos bien en lo que queremos, hacer lo que nos guste y por supuesto adaptarnos a lo que el momento demanda, ya que no siempre tendremos éxito en lo que queremos, tenemos que ir más allá y preguntarnos qué quiere el mundo hoy, y luego ver dentro de ti, si puedes dárselo.

Mi hija me dijo: ¿Mami por qué no aprovechamos y hacemos deporte?, nos dimos cuenta que teníamos todo para comenzar una nueva vida, mucho más saludable que la que veníamos teniendo.

Pudimos tener entonces, un lugar para trabajar, una mejor alimentación y estábamos ejercitándonos como familia, ¿la verdad?, parecía un sueño hermoso dentro de una pesadilla, pero así estábamos tratando de convertir lo malo en lo bueno y sacando el mejor provecho posible con las herramientas que teníamos a la mano. Dos o tres veces por semana nos vestíamos y lo seguimos haciendo para tomarnos fotos en familia y así no estar en pijama y desarreglados en casa.

La tercera semana ya estábamos más organizados, teníamos horarios para levantarnos, acostarnos, para estudiar y trabajar desde casa, para comer y para hacer deportes, así que estábamos ocupados, pero sobre todo avanzando. En la actualidad yo no fumo, pero lo hice por muchos años, llegué a fumar hasta tres cajetillas al día, ¡una absoluta locura¡

Hoy en día vivimos en un mundo más evolucionado, la tecnología minando y dominando todos los espacios, lejos del contacto físico, pero globalmente más unidos por intermedio de las redes sociales. El mundo está evolucionando en nuestras caras y debemos montarnos en este tren.

Evoluciona con el mundo

Hoy en día vivimos en un mundo más evolucionado, la tecnología minando y dominando todos los espacios, lejos del contacto físico, pero globalmente más unidos por intermedio de las redes sociales. El mundo está evolucionando en nuestras caras y debemos montarnos en este tren.

4 claves que te ayudarán a transformar tu destino

▶ *Explora*

▶ *Conecta*

▶ *Potencia*

▶ *Proyecta*

▶ *Explora*
Reflexiona, desecha y avanza

Por lo general la vida nos lleva a tocar extremos para que podamos tomar decisiones. En ese preciso momento es que debemos hacer una pausa y tomar el camino adecuado que nos permita cambiar nuestra vida para siempre.

Busca dentro de ti, tenemos la capacidad de ver en que nos estamos equivocando y por supuesto que nos damos cuenta de la fuerza e importancia que le estamos poniendo a lo que nos rodea. Cuando sientas que tocas fondo debes parar un momento, darte un chance para pensar, explorar dentro de ti y responderte que estás haciendo mal.

Puedes buscar ayuda si te cuesta identificar el problema, leer un buen libro, ver historias de personas que admires. Parece mentira, pero el círculo social en el que te desenvuelves tiene mucho que ver y lo principal es observar de qué forma te estas conectando con las personas que te rodean.

Ámate y transforma el mundo con tu luz interior. Mírate frente al espejo y ve tu reflejo, lo que ves es tu interior, cuando ves belleza en otras personas estás viéndote a ti, vemos lo que somos y somos lo que tenemos dentro de nosotros.

Este proceso de reflexión interior presenta nuestra verdadera oportunidad de cambiar, y cambio es salir de lo que estamos acostumbrados a hacer para dar un nuevo sentido a nuestra vida, y el no tener una idea de los resultados que obtendremos, nos produce temor, el no saber qué va a pasar, el no tener control del cambio genera ansiedad, genera miedo y el miedo se transforma en inactividad, es seguir haciendo lo mismo para obtener los mismos resultados.

Una frase muy pertinente mientras aplicas esta herramienta es la expresada por Albert Einstein: "Locura es hacer lo mismo, una y otra vez, esperando obtener resultados diferentes".

Un gran aporte al mundo de la física, pero que, sin duda, desde el punto de vista de nuestro crecimiento personal, es de gran valía. Esta frase, aunque podamos apreciarla como simple o sencilla, sin duda alguna está revestida de una complejidad espectacular. Aplica a diferentes tópicos. Yo la asimilo como un llamado directo a innovar, a buscar nuevos caminos, a replantearnos y a reinventar nuestro propósito.

Nos pasamos la vida entera mirándonos el ombligo y no nos damos cuenta que hacemos las cosas una y otra vez de la misma manera, culpando a los demás de todo lo que nos ocurre, cuando somos nosotros mismos los que nos vetamos la posibilidad de innovar y de conseguir nuevas opciones.

Pero no sólo Einstein nos muestra esta herramienta. Si nos trasladamos a la filosofía oriental entre sus principales exponentes tenemos a Confucio, Buda y Lao Tsé. Este último es uno de los filósofos orientales más admirados. Vivió, en los siglos VI y V, A.C y su influencia es, todavía hoy, inmensa. Fundador del taoísmo y autor del Tao Te Ching, Lao Tsé, es el padre de una filosofía eterna, que nos proporciona unas guías inestimables para vivir la vida de acuerdo a la naturaleza y para alcanzar la serenidad del alma. En su momento nos hizo la invitación a "explorar" en nuestro interior para conseguir las respuestas a nuestras interrogantes.

"No importa donde estés, ni lo que te digan que debes hacer. Siempre que tengas una duda, descansa un momento y escucha lo que te dice tu voz interior. No te apresures en tu camino, ni sigas los pasos de otros. Siéntate y descansa un momento y escucha tu voz interior. Esta es la voz que te busca y guía el mejor consejo que puedes escuchar. Trae pureza a tus sentimientos y te da la libertad de ser realmente la persona que quieres ser. Recuerda: Todas las respuestas que buscas las tienes encerradas en tu limpia y pura voz interior." — Lao Tse.

Explora

Deja que Dios guíe tus pasos

Explora, tienes que buscar dentro de ti, indagar, preguntarte y no dejar por fuera nada que pienses, es tu esencia y está en tu interior, siempre busca en lo más recóndito de tu ser, nuestra alma y espíritu se comunican con eso y es más que un estilo de vida, es una forma de vivir, deja que Dios guíe tus pasos.

Conecta

Mente, cuerpo y espíritu con tu propósito

Una vez que identificas tus problemas, tus anhelos o tus propósitos, debes darle forma y trabajar simultáneamente con tu mente, cuerpo y espíritu. Cuando logramos conectar y poner en equilibrio estas tres cosas estamos ante un magnífico camino para alcanzar el sueño o meta que nos hemos colocado.

Si tus pensamientos están acordes con tu cuerpo y estás feliz, tu espíritu lo trasmite.

Luego de pasar por ese proceso de reflexión interior, donde nuestra voz interna nos manifiesta directamente ese sentir, ese deseo innato, lo que nuestro corazón anhela conseguir, uno de los factores más importantes es que el pensamiento positivo predomine sobre toda aquella situación que en tu vida haya causado dolor, pesar, frustración, sentimientos inadecuados. El pensamiento positivo debe llenar tu vida, que sea tu día a día.

Para ello, es importante que, nuestra mentalidad negativa la hagamos a un lado por completo y comencemos un proceso exitoso en nuestra mente, para ello en primer lugar debemos ser agradecidos con lo que tenemos, encontrarle gratitud a cada una de las cosas que nos rodean, lo que el universo nos provee. Ese gesto de gratitud para con el universo, nos permitirá desechar por completo cualquier situación negativa que esté presente en nosotros.

La mejor manera para implementar esa gratitud en nuestra vida es, levantarnos cada mañana agradeciendo a Dios, nuestro Padre Celestial, todas las cosas maravillosas e infinitas que Él nos provee diariamente. Ese agradecimiento debe emanar desde tu corazón, no se trata de decir o memorizar frases, el amor es el principal instrumento para vencer al miedo y a todas las negaciones que existen en nuestra vida.

La gratitud lleva consigo a su vez, una muestra de generosidad en todos nuestros actos. Debemos compartir nuestras habilidades con las personas que nos rodean. Si alguien busca un consejo en nosotros, debemos tener siempre un corazón dispuesto a ayudar, sin ningún tipo de mezquindad. Eso es un mensaje que va directamente a nuestra mente. Por un lado, somos agradecidos, pero por otro lado debemos mostrar generosidad de ese talento con el cual nacimos. Dios nos proporcionó ese talento, debemos compartirlo de manera generosa con todo aquel que requiera de nuestro apoyo, de nuestra ayuda.

Una vez que estemos conectados con esa muestra de generosidad y gratitud que hay en nuestro pensamiento, se facilitará de una manera fabulosa el poder visualizarnos hacia un mundo lleno de éxitos. Esa visualización nos permite aprovechar nuestra habilidad al máximo, es una herramienta súper útil que te permitirá ser aún más positivo.

Visualízate en grande, visualiza ese negocio que quieres emprender, visualiza el éxito personal y profesional que deseas para tus hijos, visualiza la familia que quieres tener, visualiza donde te vez, visualiza a tus amistades, visualiza como te quieres ver físicamente, visualiza donde te quieres ver en el corto, mediano y largo plazo.

Tenemos que trabajar en función de lo que somos y de lo que queremos ser. Transformar lo que se tenga que transformar y darnos cuenta que tenemos el poder de alcanzar lo que hemos visualizado en grande. Para eso debemos olvidarnos de los términos en diminutivo, por ejemplo: pedacito, poquito, pequeñito. Tenemos que visualizar en grande; así como tú te visualizas, así te comportas y así te perciben los demás. Somos lo que nos creemos y vendemos al mundo lo que somos.

Uno de los logros más importantes de la ciencia moderna es que ha podido descubrir que, tanto la mente como el cuerpo no están separados y por la tanto, no son independientes el uno del otro. Existen centenares de estudios donde relacionan las emociones que tenemos los seres humanos con la salud. Esto aporta una estrecha relación entre la mente y el cuerpo.

La gente que presenta malestares de una manera continua en el tiempo como pesimismo, preocupación, ansiedad, hostilidad o enojo, presentan el doble de posibilidades que su cuerpo se enferme y que padezcas de enfermedades en el futuro; por el contrario, mientras tenemos una mente sana, en paz, tranquila consigo misma, eso va a estar directamente relacionado con la sanidad de tu cuerpo. Cuidar tu cuerpo es cuidar tu templo, dedícale el tiempo que se merece e invierte en su bienestar y cuidado.

La ansiedad puede llegar a paralizarnos, a tal punto que, podemos caer en un círculo vicioso del cual no será muy fácil salir. Debemos meditar, leer, alimentarnos bien, hacer deportes. Sí, yo sé que suena muy bonito y que en algunos casos nos cuesta mucho poder realizar estas cosas en el marco de tanta necesidad. Sí, es verdad, cuesta un poco, por eso tenemos que buscar herramientas que nos ayuden a salir de ahí. ¬Cada caso es distinto, es diferente, la forma cómo hacemos las cosas influye, el ponerle ganas a lo que emprendemos. Hacer lo que nos gusta con amor eso hará que lo que hagamos, lo hagamos bien, nada de lo que se hace desde el amor sale mal.

El tiempo de cada persona es distinto, la vida nos transforma de diferentes maneras, si me preguntas las claves para controlar la ansiedad, te sugiero (a mí me funciona), que primero busques dentro de ti, explora en lo más recóndito de tu ser, pero sobre todo busca a Dios, íntima con él, de manera sincera y Él te ayudará a encontrar las respuestas. Recuerda, con Él todo, sin Él, nada.

El espíritu es la parte de nuestra esencia que nos impulsa a buscar el éxito en nuestro propósito, influye directamente en nuestro estado de ánimo y nos estimula a emprender el camino de la realización personal. Si somos hombres y mujeres de fe en Dios y en nosotros, mismos podemos lograr nuestros sueños.

El Instituto Draco nos invita a gestionar bien nuestras emociones pues ellas harán que nos sintamos en equilibrio y nos proporciona los siguientes consejos para equilibrar nuestro cuerpo-mente-espíritu. Lo transcribimos a continuación:

1. Hacer ejercicio regularmente activa nuestro cuerpo y despeja nuestra mente. Una caminata diaria de 30 minutos ya nos ofrece beneficios.

2. Duerme lo suficiente. El sueño regenera tu cuerpo. Unas 8 horas de sueño serán suficientes para lograr el descanso que necesitas.

3. Come sano. Añade a tu dieta frutas, verduras, pescado, legumbres y semillas para garantizar una dieta equilibrada o alcalina.

4. Bebe mucha agua e intenta que sea agua natural de manantial. El agua purifica, ¡es vida!

5. Aléjate del estrés. Cada vez que sientas tensión practica ejercicios de respiración para aliviarla. Mientras más lo practiques más fácil será relajarte, hazlo hasta que se convierta en un hábito.

6. Conéctate con la naturaleza. Ve al campo, pasea por la montaña, oxigénate.

7. Da las gracias por todas las cosas que te pasen en el día, incluso las pequeñas, como que ha salido el sol y hace un día fantástico. Llegará el momento que recibirás grandes recompensas.

Conecta

Vive en gratitud

Que el pensamiento positivo predomine sobre toda aquella situación que en tu vida haya causado dolor, pesar, frustración o sentimientos inadecuados. Comienza un proceso exitoso en tu mente, siente gratitud ante cada una de las cosas que nos rodean. Esto lleva consigo a su vez una muestra de generosidad en todos nuestros actos. Debemos compartir nuestras habilidades con las personas que nos rodean, si alguien busca un consejo en nosotros tener siempre un corazón dispuesto a ayudar, sin ningún tipo de mezquindad.

Potencia

Motivación, decisión y compromiso.

Es el ímpetu que le ponemos a nuestros sueños y metas, el frenesí que impulsa nuestros pasos, es ponerle ganas a las cosas, esos deseos entrañables de alcanzar los sueños y metas, aquello que dice dentro de ti que si se puede.

Es la forma en que decides darle impulso a lo que te estas proponiendo, bien sea, un empleo nuevo, un proyecto en el cual emprender, la firma que tanto soñaste, el negocio de tus sueños o hasta empezar una nueva relación. Esto aplica para cualquiera de estas opciones. Potencia está relacionado con las palabras de acción en positivo: Impulsa, crea, genera, construye, transforma, evoluciona, enfoca, edifica, dinamiza, irrumpe, acciona, planifica, ordena, organiza; todas estas palabras tienen mucho que ver con la acción que le pones a tu propósito.

Cada uno de nosotros tiene distintos dones y talentos, cada ser humano ha sido revestido de cualidades y aptitudes diferentes, ahí es donde radica el cambio que como individuos necesitamos realizar, es importante que identifiquemos nuestras potencialidades y hacerlas explotar, hay que erradicar la idea de que solo se tiene éxito obteniendo títulos universitarios o destacando en deportes, el verdadero éxito es identificar nuestro ser y una vez que aceptamos lo que somos compartirlo con todos.

Motívate y comprométete a seguir adelante. Sólo debes estar consciente que todo esfuerzo tiene su recompensa, pero debemos tener suficiente compromiso y motivación para lograrlo. En este camino, debes despojarte de todo aquello que no esté en tu frecuencia, debemos crecer y enfocarnos siempre desde lo positivo.

Decídete, hazlo ahora. Es una gran muestra de compromiso contigo mismo, de crecer cada día más, de llegar lejos y alcanzar tu meta. Te pongo un ejemplo; en esta cuarentena, muchas personas tuvieron que tomar decisiones, algunas decidieron quedarse en casa, esperar, orar, cuidarse, comer, dormir, orar, ver películas, pero se quedaron allí, en su hogar, cumpliendo el aislamiento social; mientras que otras personas tomaron la decisión de seguir trabajando, cuidándose mucho, con responsabilidad, pero siguieron en su ritmo normal.

Otras personas enfermaron por no guardar la cuarentena. Otras murieron. Otras tantas decidieron tomar ese tiempo para reflexionaron y cambiar su vida; se pusieron a estudiar, se involucraron más con las redes, emprendieron negocios, desarrollaron una idea pendiente, cambiaron malos hábitos por hábitos nuevos, salieron de la depresión y comenzaron a vibrar en positivo, se dieron cuenta de cierta manera que el mundo está evolucionando, reclamando su espacio.

Ahora bien, te pregunto, ¿qué tipo de persona eres tú?; o mejor aún, ¿qué tipo de persona quieres ser?

Es hora de comprometerte. De nada vale haber llegado hasta aquí si no existe un serio compromiso de tu parte. Pudiste haber realizado satisfactoriamente tu proceso de búsqueda y reflexión interior, (explora) puedes haber logrado ese equilibrio perfecto entre cuerpo, mente y espíritu con tu propósito (conecta) e inclusive estar altamente motivado y decido a impulsar ese cambio tan anhelado en tu vida (potencia). Ahora se requiera un poco más de ti, afianzar un paso importante. Cuida de tu parte emocional, nunca desistas de soñar, cuida tus emociones y erígete como un ser de luz, rechaza el caos y las noticias tristes, no contribuyas a estimular el negativismo, si no tienes nada bueno que decir simplemente calla y ora.

La oración es poderosa. Comprométete a seguir adelante, a no desmayar, a no abandonar ese sueño con el que te conectaste, sabes que el camino no es sencillo, pero es reconfortante transitar por el sendero de lo que nos apasiona, ya conseguiste tu rumbo, apóyate en Dios y no desistas.

Potencia

Decídete y comprométete

Impulsa, crea, genera, construye, transforma, evoluciona, enfoca, edifica, dinamiza, irrumpe, acciona, planifica, ordena, organiza; pero sobre todo no te rindas, comprométete a alcanzar esa meta, a seguir adelante, a levantarte frente a la adversidad y a triunfar.

Proyecta

Sueña en grande y se feliz, muy feliz

El mundo está cambiando, su evolución demanda personas de luz y con buena actitud, que vivan en armonía, en felicidad. Esto se puede lograr con compromiso y disciplina. Les puedo decir que hay que leer mucho, investigar, escuchar a personas de alta vibración, poner en práctica lo que dicen cambiará tu vida, tu rutina y así podrás crea hábitos buenos que te ayuden a llevar una vida desde otro nivel.

Estoy completamente convencida, que las cosas que nos rodean tienen la fuerza que nosotros mismo le damos, tenemos la capacidad de subir nuestro propio sistema inmunológico de acuerdo con la vibración de nuestra vida.

Somos luz y somos energía, hasta la forma de orar debe ser en positivo, dar las gracias antes de recibir, ser humildes para reconocer lo bueno que está a tu alrededor y no tratar nunca de competir, trata siempre de construir y crear, las personas en positivo aportan, construyen, crean generan, esto nunca lo olvides.

Una tarea vital para realizar es organizar nuestras ideas, darle forma en nuestra mente, enfocarnos en lo que queremos y darle fuerza, mucha fuerza.

Recuerdo una conversación en días pasados con una persona que me indicaba a que cosas se le debe dar fuerza y a cuáles no. Yo le decía que cuando se descubre que es lo que nos apasiona y te des cuenta que es lo que realmente quieres hacer, debes darle fuerza y serás recordada y reconocida en eso que haces.

Lo ejemplifico así, si vendes dulces y te proyectas haciendo eso desde la esencia de tu ser, te van a identificar como el mejor hacedor de dulces, el que vende los mejores dulces, es por ello que debemos ser selectivos con lo que queremos vender de nosotros mismos.

En tu camino y cambio de vida, no trates de salvar a nadie hasta que estés lo suficientemente preparado y con hábitos fuertes, para que no te conviertas en un peso, recuerda que cambiar de nivel y evolucionar es una decisión muy personal que se debe tomar.

Oblígate a soñar en grande, elevar al máximo tu vibración, conectarte y proyectarte, pero por sobre todas las cosas se feliz, muy feliz, siéntete feliz con lo que haces, cómo lo haces, disfruta tu cambio, tu vida nueva, no tenemos que decir las cosas, las cosas se demuestran con actos, con hechos, es la acción, recuérdalo siempre

La vida nos trasforma y debemos estar preparados para cuando llegue ese momento. Preparar la tierra para cuando llegue la lluvia. Sembrar en positivo, cultivar nuestros pensamientos, nuestro sentir, eso marcará la diferencia. Construir sin destruir a nadie ni a nada. Debemos ser personas de luz y andar en gratitud constante, sacar de lo malo lo bueno, tenemos el poder de transformar las cosas, aprender de lo negativo y llevarlo a lo positivo.

Proyecta

Sueña en grande

Oblígate a soñar en grande, elevar al máximo tu vibración, conectarte y proyectarte, pero por sobre todas las cosas sé feliz, muy feliz, siéntete feliz con lo que haces, disfruta tu cambio y tu vida nueva.

4 claves que te ayudarán a transformar tu destino

▶ ***Explora***

▶ ***Conecta***

▶ ***Potencia***

▶ ***Proyecta***

Yo pude hacerlo 

HAZ QUE LA

CUARENTENA

CAMBIE TU VIDA

Ámate, quiérete

Aprendí que debemos amarnos más, respetarnos más, juzgarnos menos, saber y entender que en el camino se quedarán personas por su manera de pensar o de actuar, pues todos no somos iguales. Lo que si me quedó claro es que debemos estar con personas que piensen muy parecido a nosotros, personas que tengan los mismos ideales, sueños y metas.

Esta es la clave para que tu vida esté en constante armonía, entender que, aunque digas o hagas algo con buena intención, tal vez llegará de otra forma, de la manera en la que el receptor quiera percibirlo.

Yo pude hacerlo

HAZ QUE LA

CUARENTENA

CAMBIE TU VIDA

Eleva tu vibración

A veces vibramos con personas, pero no todo el tiempo desde lo positivo es decir te conectas con alguien porque siente miedo y tú también estas sintiendo miedo, es muy raro que alguien que ande en alta frecuencia este rodeado de personas pesimistas y con miedo.

Las personas que andan conectadas en alta vibración son personas optimistas, trasformadoras, positivas, que caminan en luz y son capaces de convertir el miedo en valentía, la tristeza en felicidad. No quiero decir con esto que los seres humanos en un momento determinado no podamos sentir miedo, tristeza o ansiedad. Lo que quiero decir es que debemos avanzar y salir rápidamente de este trance y aumentar nuestra vibración.

Yo pude hacerlo

HAZ QUE LA

CUARENTENA

CAMBIE TU VIDA

Fe y tolerancia

Soy de las personas que piensa que en esta vida nada pasa por casualidad, todo está escrito en el libro de la vida, pienso que Dios es uno solo y el camino es Jesucristo, soy una mujer de fe y respetuosa de El Creador, pero también me permito escuchar y evolucionar, tenemos que estar preparados para ver personas que se negaran a seguir adelante, familiares, amigos, pero al final todo y todos tenemos nuestro momento justo en la vida.

Yo pude hacerlo 

HAZ QUE LA

CUARENTENA

CAMBIE TU VIDA

Lágrimas de agradecimiento

Seamos mejores personas, más calurosas, comunicativas, respetuosas, afectivas. Demostremos nuestros sentimientos, el tiempo pasa rápido, hoy estamos, pero mañana no lo sabemos. En mi caso en particular pensaba que nada podía ser peor que el 2019, definitivamente nunca olvidaré el verano de ese año, pues mi mamá se murió de un infarto y a los tres días falleció mi abuela. Fue realmente muy doloroso, mis dos vidas juntas se fueron, y sufrí mucho, pero con la ayuda de Dios, mis hijos, mi esposo y mi familia he logrado aceptar que el dolor forma parte de la vida, por ello he aprendido a recordarlas desde el agradecimiento, cambiando las lágrimas de tristeza por lágrimas de agradecimiento ante todo lo hermoso que en vida pudieron darme.

Yo pude hacerlo 

HAZ QUE LA

CUARENTENA

CAMBIE TU VIDA

Avanza

Créanme, nunca imaginé sentir que podía perder a mi padre, hermana, primas, tías, por la simple posibilidad de no verlos más. Eso paso mucho por mi cabeza al empezar la cuarentena, noches de depresión, de angustia, nostalgia, realmente toque el fondo, emocionalmente hablando. Somos seres humanos imperfectos, batallando constantemente en un mundo perfecto, creado por un Dios perfecto. Podemos flaquear, eso es válido, lo que no podemos es quedarnos sumergidos en el abismo, debemos salir del hueco donde nosotros mismos nos hemos permitido caer. Con el tiempo comprendí que debía vivir ese proceso, fue el impulso necesario para poder tomar la decisión de hacer que la cuarentena cambiara mi vida, así como puede cambiar la tuya.

Yo pude hacerlo

HAZ QUE LA
CUARENTENA
CAMBIE TU VIDA

Dinámico y cambiante

En la vida se presentan muchas oportunidades y la verdad es, por experiencia les puedo decir, que pasa más de un tren a lo largo de ella. La cuestión está en saber distinguir cual es el tren que te llevará más lejos y al destino correcto. Cuando menciono esto lo hago para que captes la idea del cómo evolucionar y cambiar en este momento. Vivimos en una era completamente cibernética y ya nada será igual, menos contacto físico y más acercamiento tecnológico, esa es la premisa básica que regirá nuestro destino.

HAZ QUE LA
CUARENTENA
CAMBIE TU VIDA

Emprende,
el momento es ahora

Debemos estar muy claros para seguir manteniendo ese calor de hogar y esa fe intacta. La mayoría de los trabajos se realizarán desde las casas y para todas esas personas que siempre han criticado las redes sociales, les cuento, ese es el futuro señores.

Trabajar desde casa, es una de la frase más comunes de estos tiempos. Al principio, las redes se utilizaban para estar en contacto con tus amistades desde los diferentes países o ciudades del mundo; hoy en día, esta herramienta se puede convertir en tu propio negocio, generar ingresos desde las redes sociales es lo que está a la vanguardia ahora.

Yo pude hacerlo

HAZ QUE LA

CUARENTENA

CAMBIE TU VIDA

Emprende,
el momento es ahora

No es un asunto propio de profesionales en el área, es un instrumento que está al alcance de todos. Lo puedes hacer de muchas formas y utilizar esta herramienta de diversas maneras para promocionar tu emprendimiento. Tienes que sentarte y pensar que es lo que en estos momentos necesita el mundo, ¡hazlo! y estoy segura de que la idea llegará a tu mente, tenemos que ser seres de luz y atraer ideas buenas. Conéctate con el universo.

Yo pude hacerlo

HAZ QUE LA

CUARENTENA

CAMBIE TU VIDA

Cambió mi cuerpo

Si recuerdan en los primeros capítulos les contaba como pasé mi primera semana: durmiendo, acostada, viendo películas y de paso comiendo de todo: helados, dulces, pasta, refrescos, el hecho de no fumar más la necesidad de permanecer en casa durante la cuarentena despertaron una ansiedad increíble. Un rato comía, otro lloraba, otro me reía y así estuve hasta que dije con determinación: ¡se terminó esto!

Yo pude hacerlo

HAZ QUE LA

CUARENTENA

CAMBIE TU VIDA

Cambió mi cuerpo

Tomé la firme decisión de ir cambiando poco a poco. Empecé cambiando mi alimentación y la de mi familia. Abandonamos nuestra vida sedentaria y comenzamos a hacer ejercicios y a alimentarnos mejor. Esto ayudó a acomodar mis horas de sueño, durmiendo ahora mucho mejor.

Nuestro cutis cambió y nuestro sistema inmunológico mejoró. Nuestro cuerpo empezó a reaccionar de una forma maravillosa, la verdad que me siento feliz, ahora me "doy cuenta" que llevábamos una vida poco saludable y muy descontrolada, de ahora en adelante el objetivo es mantenernos así y mejorar.

HAZ QUE LA
CUARENTENA
CAMBIE TU VIDA

Cambió mi familia

Esta es la parte mágica, el entender cómo muchas parejas y matrimonios llegan a un momento en el que, el trabajo y las pequeñas diferencias, que nunca tienen tiempo de aclararse, te van alejando más y más de tu pareja, de tus hijos. Pero bien, aquí¬ si cabe el dicho de que en las buenas y en las malas es que te das cuenta quien te rodea y de que estás hecho.

Esos días fueron el pretexto perfecto para vivir una relación más cercana y afectuosa con mis hijos y mi esposo. Nos ha servido para amarnos, entendernos y encontrarnos. Nos dimos cuenta que como equipo podemos lograr y alcanzar más metas que separados. Los niños se integraron de una manera maravillosa con nosotros y todo lo empezamos a realizar como un solo equipo.

Yo pude hacerlo

HAZ QUE LA

CUARENTENA

CAMBIE TU VIDA

Cambió mis finanzas

A veces las personas tenemos un universo de oportunidades a nuestro alcance, delante de nosotros, y no nos damos cuenta, tomamos caminos complicados, siempre estamos postergando lo que debemos hacer.

En estos días he buscado una persona para llevar a cabo una de las cosas que quiero desarrollar y no la consigo, pero estoy más que segura que llegará, estoy enfocada en eso. Si le ponemos sentimiento a nuestros deseos las cosas vienen.

Hay que ponerle muchas ganas. Como se pueden dar cuenta no me gusta rebuscar palabras, me encanta estar más cerca de ustedes y cuando usamos un lenguaje sencillo la tarea se facilita.

Yo pude hacerlo

HAZ QUE LA
CUARENTENA
CAMBIE TU VIDA

Cambió mis finanzas

¿Recuerdan la empresa que les dije que quería tener? ¡pues ya la tengo! tuve tiempo para diseñar el logo, la página de Instagram y desarrollar la idea para impulsarla. Por supuesto, todo es digital y no tengo que salir de mi casa.

Mi esposo y yo hemos podido crecer en el mundo de los seguros, teniendo un incremento de 70%, que cuando estábamos cada uno con dos trabajos. Hemos podido rendir más en nuestros estudios de inglés, y a mí, que antes el miedo me paralizaba para hablar, ahora lo puedo hacer con más facilidad. Estoy trabajando en ese libro que nunca pude terminar y pues compartiendo con ustedes este momento de mi vida en cuarentena.

Yo pude hacerlo

HAZ QUE LA
CUARENTENA
CAMBIE TU VIDA

Confía en ti, no te detengas

Si en el camino para alcanzar tus sueños te consigues con personas que intenten desmotivarte, desecha el comentario, a lo mejor son personas que no vibran contigo que no están en tu frecuencia, eso suele suceder, lo importante es que sigas adelante siempre, no te detengas, que nada te detenga, siempre digo: no son las palabras las que te definen, son tus actos y tus hechos los que dicen quién eres.

La acción y los resultados, eso es lo que debes perseguir, convertir tus sueños en realidad, tener vida y salud para disfrutarlo en compañía de las personas que amas y que te aman.

Yo pude hacerlo

HAZ QUE LA

CUARENTENA

CAMBIE TU VIDA

Confía en ti, no te detengas

Deja el miedo y arriesgaste, si te caes, levántate, si se te presenta un obstáculo, elévate tan alto como puedas y traspásalo. Ten la confianza y certeza de saber que sí se puede, todo es posible cuando se hace con amor y nunca dejes de aprender y prepararte porque esa es una de las claves. Nunca dejes de expresar tu esencia y mostrar quien verdaderamente eres. El mundo está lleno de cosas hermosas y maravillosas que esperan por ti

Yo pude hacerlo

HAZ QUE LA

CUARENTENA

CAMBIE TU VIDA

Poderoso Gigante

No puedo dejar de mencionar que hay una herramienta, sin duda la principal, que en todo este tiempo me ha acompañado, que es la fe en DIOS y en mí misma. A Él le pido siempre dirección, cualquier paso que doy lo hago bajo su égida, el me da la certeza y la tranquilad de que todo estará bien y que siempre va a estar mejor. Me he topado con personas en las redes desvirtuando mis mensajes, dándole otro enfoque, pero eso no me para ni me parará jamás. Sé, qué es lo que quiero y para donde voy, sé que cuando me veo al espejo veo a una persona decidida a cambiar y a mejorar su vida, veo fuerza y como sé que lo que proyectamos es el reflejo de lo que tenemos en nuestro interior, eso me da una impetuosa seguridad en todo lo hago.

HAZ QUE LA
CUARENTENA
CAMBIE TU VIDA

Sé feliz, muy feliz. Hakuna Matata

Lo más importante de esta aventura es, que te haga sentir verdaderamente feliz. La felicidad es una elección, tú decides si quieres ser feliz, saca de tu vida lo que te lo impida.

Cree más, enfócate, conéctate y vibra en alto y positivo. ¿Quién no va a ser feliz teniendo una buena salud? viéndote presentable, con fuerzas, con hábitos que traigan salud y bienestar a tu vida. Eso es lo que quiere toda persona, sentirse sano, sentirse vivo, eso da felicidad, tener una familia que sale adelante unida según las circunstancias.

Amarse, respetarse, sentirte vivo, estar con la pareja que te hace sentir cosas maravillosas, reencontrarte con tus hijos, rescatar esas relaciones resquebrajadas por pequeñeces o malos entendidos y darse una nueva oportunidad.

Valorar más la vida, tu familia, tus amistades, la vegetación, los animales. La naturaleza es hermosa, disfrútala, comparte y se parte de ella. El mundo pide su espacio, pero no para que dejemos de existir sino para coexistir en positivo, para estar juntos, para amarnos más, para darnos más amor y querernos más. Yo decidí ser feliz ¿y tú? ¿Qué quieres hacer con tu vida?, ¿cosas que te lleven a la felicidad o por el contrario aferrarte más a lo que no te da paz y amor?

Ámate, quiérete, valora tu vida y honra a tu familia, a tus amistades, a tus vecinos, valora todo lo que la vida te presenta, porque eso llega y si no le das su importancia se va, que no te cueste reconocer lo bueno, lo maravilloso, dale mérito a lo que lo tiene, aprende a dar gracias, aprende a ver lo bello en lo que te rodea y a decirlo, eso no te hace menos, al contrario, te hace más grande, que no te cueste ver lo bueno que hay en los otros y no pienses que todo es dicho en tu contra, hay personas que simplemente se expresan y eso no tiene que ver contigo.

Es hora de avanzar, de crecer, de ser feliz, de hacer lo que nos gusta con quien nos gusta, de eso se trata. En mi país durante más de 18 años hice lo que me apasionaba y era completamente feliz. Al emigrar eso cambió, me tocó descubrir una nueva pasión, enamorarme de nuevo. Eso es posible, sí te puedes enamorar de una vida que te de seguridad, tranquilidad y felicidad. En este estado me encuentro hoy.

Doy gracias a Dios porque lo conseguí, esta cuarentena cambió mi vida, ya nunca volverá a ser igual, el futuro será mejor, será mejor cada día. Te invito a que transites en ese camino. Dios estará allí para guiarte.

Con amor, Carolina Carvajal.

Sé feliz, muy feliz. Hakuna Matata

Contacto

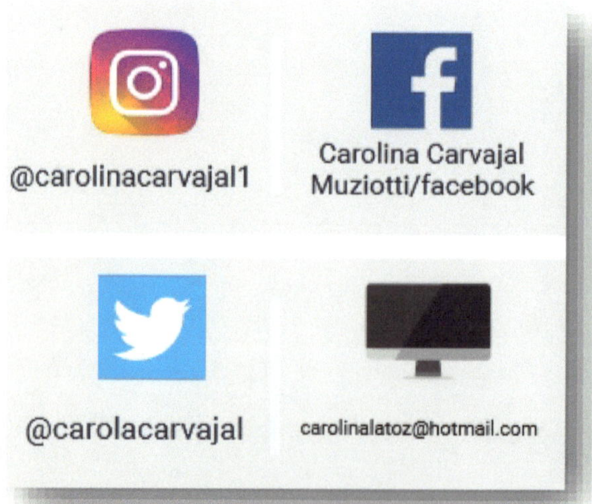

Carolina
CARVAJAL

@carolinacarvajal1
Carolina Carvajal Muziotti/facebook
@carolacarvajal
carolinalatoz@hotmail.com

53

* 9 7 9 8 6 4 0 9 9 7 1 1 8 *